Cochons d'Inde pour les débutants

ALINA DARIA

ISBN : 9798441464284

Table des matières

Ordres et classifications

Les cobayes appartiennent à l'ordre des rongeurs (*Rodentia*). Bien que cela semble surprenant au premier abord, ils sont inclus dans le sous-ordre des hystrichomorphes (*Hystricomorpha*). Les cavidés forment leur propre famille dans le règne animal, qui porte le nom scientifique de "*Caviidae*", déjà établi en 1821 par le zoologiste britannique John Edward Gray (1800-1875).

Cependant, tous ces animaux ne sont pas les mêmes ! Beaucoup d'entre nous ne pensent probablement qu'à nos cochons d'Inde domestiques, dont nous allons parler dans ce livre, mais la famille des *Caviidae* compte encore d'autres animaux.

Tout d'abord, cette famille d'animaux est séparée en trois sous-familles. Ces trois sous-familles sont ...

1. la sous-famille à laquelle appartiennent nos cobayes communs - avec trois genres (*Caviinae*) ;

2. les *Hydrochoerinae* / les hydrochères ou cabiaïs (cette sous-famille comprend le très célèbre Capybara, le plus grand rongeur du monde) ;

3. les maras (*Dolichotinae* ; ils ressemblent aussi extérieurement à un lièvre plutôt qu'à un cochon d'Inde, car ils ont des pattes plutôt longues et de grandes oreilles pointues et dressées - mais en raison de leur dentition et de la structure de leur crâne, ils appartiennent clairement à la famille des cochons d'Inde).

Nos cochons d'Inde domestiques, dont nous parlerons plus loin, font partie des cochons d'Inde "réels" (Caviinae). Ils portent le nom scientifique de "Cavia porcellus". Mais comment ce nom est-il apparu ?

Eh bien, les animaux sont non seulement divisés en ordres, en familles et éventuellement en sous-familles, mais au sein des familles, l'étape suivante est la division en genres. Un genre peut être composé de plusieurs espèces ou d'une seule espèce. Si une seule espèce appartient à un genre, ce genre est dit "monotypique" (grec : mónos = seul, typikos = typique).

A la sous-famille des *Caviinae* appartiennent les trois genres suivants :

1. les cobayes proprement dits (*Cavia*) ;

2. les cobayes de montagne (*Microcavia*) ;

3. les cobayes à dents jaunes (*Galea*).

Nos cobayes domestiques appartiennent au premier genre, Cavia. Le nombre d'espèces que l'on peut trouver dans ce genre fait souvent l'objet de discussions controversées et, à l'heure actuelle, les scientifiques ne sont toujours pas d'accord. On parle de cinq à huit espèces différentes. Il est souvent fait référence aux scientifiques Woods & Kilpatrick, qui en 2005 ont fait une distinction en six espèces différentes, mais même eux considèrent qu'un examen de la systématique correcte est nécessaire. Le nombre exact d'espèces attribuées à ce genre n'a cependant qu'une importance secondaire pour nous, car nos cochons d'Inde domestiques peuvent être clairement attribués à ce genre.

Le nom d'une espèce animale se compose toujours du nom du genre associé, suivi du nom de l'espèce particulière. Nos cochons d'Inde domestiques, comme nous l'avons déjà mentionné, ont le nom scientifique de "Cavia porcellus", où "Cavia" représente le genre et "porcellus" l'espèce particulière. **Fun Fact** : le nom du genre est toujours en majuscule, tandis que le nom de l'espèce qui suit est toujours en minuscule.

Le nom de l'espèce a déjà été établi en 1758 par le naturaliste suédois Carl von Linné (1707-1778), dont le nom latinisé est généralement donné en science sous la forme Carolus Linnaeus. Parfois, le nom de l'espèce est également donné comme "Cavia porcellus form. domestica".

Nos cobayes ont leur foyer en Amérique du Sud, principalement au Pérou, mais on les trouve aussi dans d'autres pays. Dans les forêts tropicales denses du continent sud-américain, on les cherche en vain, mais au contraire, ils se sont répandus dans des zones différentes - par exemple, ils vivent dans des prairies plates, mais aussi dans des régions montagneuses, qui sont en partie à plus de 4 000 mètres d'altitude (environ 13 000 pieds ou 2,5 miles).

Là-bas, en Amérique du Sud, nos cochons d'Inde ont déjà été domestiqués il y a de très nombreuses années - probablement dans les années 5 000 à 2 000 avant Jésus-Christ. À l'époque, la domestication avait pour but d'élever des cochons d'Inde comme animaux de ferme, aussi bien comme animaux à fourrure que comme fournisseurs de viande. Les cochons d'Inde sont encore élevés pour la consommation dans certains pays d'Amérique du Sud. Aujourd'hui, cependant, en Europe et en Amérique du Nord, les cochons d'Inde sont - heureusement - uniquement détenus comme animaux de compagnie (et malheureusement encore comme animaux de laboratoire) et élevés dans ce but. En tant qu'animal de loisir, les cochons d'Inde ont été établis depuis le début du 20e siècle environ, bien que la "hype" n'ait commencé qu'après 1960 et soit devenue de plus en plus grande.

Anatomie et physiologie

Oui, les cobayes sont des mammifères et de nombreuses fonctions corporelles sont similaires à celles de l'homme. Néanmoins, il existe de nombreuses différences entre les humains et les cobayes, dont certaines assez importantes, qu'il convient de connaître afin de mieux comprendre les animaux. Voyons cela de plus près !

La dentition :

La dentition des cochons d'Inde est très différente de la nôtre et il faut en tenir compte lors de leur alimentation. Les dents des cochons d'Inde poussent constamment, il faut donc veiller à ce qu'elles ne deviennent pas trop longues. En tant que détenteurs, nous ne pouvons voir et contrôler que les dents de devant (incisives). Les molaires ne sont pas visibles pour nous, et le vétérinaire dispose d'un équipement spécial pour ouvrir la bouche suffisamment pour lui permettre de regarder les molaires.

Il est essentiel de toujours veiller à une bonne abrasion des dents, afin que celles-ci ne deviennent pas trop longues - ce qui peut entraîner des conséquences fatales dans le pire des cas. Le vétérinaire peut être amené à rectifier les dents, les animaux cesseront de manger, la digestion en souffrira, etc.

Comme nous l'expliquerons également dans le chapitre "Alimentation et nutrition", l'abrasion des dents ne se fait pas sur des aliments durs, mais par une mastication constante et intensive.

Les dents sont alors amenées à se frotter les unes contre les autres. Les aliments crus riches en fibres, qui doivent être mâchés en profondeur, sont particulièrement bien adaptés à ce type d'alimentation - par exemple l'herbe, l'aliment de base des cobayes dans la nature. Les dents des cobayes poussent jusqu'à un centimètre par mois (environ 0,4 pouce) !

Elles sont maintenues à une longueur saine par une mastication constante et intensive. Dans de très nombreux cas, les défauts d'alignement des dents ne sont pas non plus congénitaux mais se développent lentement et insidieusement par une abrasion insuffisante des dents.

D'ailleurs : Même si on ne les voit pas, les cochons d'Inde ont beaucoup de dents ! En plus des quatre incisives, ils ont seize molaires !

Le tube digestif :

Les cobayes étant des herbivores, ils ont un tube digestif très particulier. Le tube digestif des carnivores tels que les lions est beaucoup plus court. L'ensemble du système digestif représente près d'un quart du poids total du corps. Et les intestins de ces petits animaux mesurent deux mètres de long (environ 6,5 pieds) !

Les cochons d'Inde n'ont pas de gésier ni beaucoup de muscles autour de l'estomac, ce qui signifie que les nouveaux aliments doivent toujours pousser les "anciens". Sinon, la digestion devient très lente, voire s'arrête. Par conséquent, les cochons d'Inde s'alimentent environ 60 à 80 fois par jour ! Et c'est extrêmement important.

Si le cobaye mange à nouveau, les aliments contenus dans l'estomac sont poussés plus loin dans l'intestin grêle. La station suivante chez les cochons d'Inde est le cæcum - où les vitamines et les nutriments sont utilisés. C'est pourquoi les cochons d'Inde mangent souvent ce que l'on appelle les "excréments du cæcum", qui sont très riches en vitamines, mais nous y reviendrons plus tard.

La glande caudale :

Le cobaye possède une glande caudale dans la région dorsale (environ un pouce au-dessus de l'anus), qui est un ensemble de glandes sébacées. La glande caudale produit des phéromones et est facilement visible chez de nombreux cobayes. Chez certains cochons d'Inde, cependant, elle n'est pas aussi facile à reconnaître, mais ce n'est pas une mauvaise chose.

La glande caudale est souvent plus prononcée chez les mâles que chez les femelles et, par conséquent, les mâles sentent parfois un peu plus que les femelles, bien que les cochons d'Inde ne soient généralement pas des animaux "odorants". Les odeurs de la glande sont utilisées pour la reconnaissance et la stimulation. Les phéromones sont utilisées pour la communication non verbale entre eux et sont destinées à communiquer quelque chose de spécifique à un animal de la même espèce, que ce soit pour la reconnaissance ou pour attirer un compagnon.

Les yeux :

Les yeux ne sont pas l'organe sensoriel le plus important pour les cobayes. Ils se fient beaucoup plus à leur ouïe, à leur odorat et à leur toucher. Le rayon visuel des cobayes est large, mais ils ne sont pas très doués pour estimer les distances (faites donc attention si vous risquez de tomber !) et voir loin. Les cochons d'Inde peuvent également distinguer les couleurs, mais cela n'a pas d'importance particulière pour eux.

Les oreilles :

Les oreilles sont un organe sensoriel extrêmement important pour les cochons d'Inde. Comme vous le savez déjà, les oreilles des cochons d'Inde sont très grandes, mais elles ne sont pas droites. Si vous soulevez légèrement l'oreille, vous verrez un pavillon très anguleux. À propos : Les taches chauves derrière les oreilles sont tout à fait normales !

Le spectre auditif du cochon d'Inde est plus large que celui de l'homme. Alors que la limite inférieure de l'audition est à peu près la même chez les deux espèces, la limite supérieure de l'audition chez le cochon d'Inde est nettement plus élevée que chez l'homme. (Cochons d'Inde : 33 000 hertz ; humains : 20 000 hertz ; chiens : parfois jusqu'à 50 000 hertz).

Avec le temps, vos cochons d'Inde s'habitueront aux bruits normaux de la vie quotidienne et même aux bruits très forts comme ceux de l'aspirateur. Mais lorsqu'un son est étrange et nouveau, ils sont souvent nerveux au début et doivent s'habituer au nouveau son - c'est aussi parfois le cas lorsqu'on change de modèle d'aspirateur.

Le nez :

Les cochons d'Inde respirent par le nez et non par la bouche. C'est une autre raison pour laquelle il est si important que les cochons d'Inde n'attrapent pas de rhume ou n'aient pas le nez bouché pour toute autre raison, car cela peut les faire suffoquer dans le pire des cas. Si le cochon d'Inde respire par la bouche, il souffre d'une détresse respiratoire sévère avancée, qui doit être traitée immédiatement - la respiration par pompage des flancs est également un signe d'alarme.

Bien sûr, les cochons d'Inde sentent aussi avec leur nez - et c'est leur sens le plus important. L'odorat du cobaye est exceptionnellement bon et bien, bien meilleur que celui de l'homme.

Les vibrisses :

Les vibrisses sont les poils tactiles (ou moustaches) de la tête du cobaye qui font partie de son sens du toucher. Grâce à leurs vibrisses, les cochons d'Inde peuvent s'orienter et trouver leur chemin même dans l'obscurité. Ils n'ont donc pas besoin d'une veilleuse ou autre.

Obtenir les cochons d'Inde

Lorsqu'ils cherchent à acquérir un animal de compagnie, beaucoup de gens se rendent d'abord dans une animalerie. Cette idée est encore fermement ancrée dans l'esprit de nombreuses personnes, même s'il existe des options meilleures et plus respectueuses des animaux que l'animalerie traditionnelle. Plus les gens sont informés des pratiques de nombreuses animaleries, plus ils s'en éloignent et plus ils sont susceptibles de se tourner vers les refuges pour animaux, les sauvetages ou les éleveurs réputés.

Les animaleries sont des entreprises commerciales qui veulent faire des bénéfices comme n'importe quelle autre entreprise. Par conséquent, les animaux sont considérés comme des marchandises dans de nombreuses animaleries et sont traités comme tels. Certes, ce n'est pas le cas de toutes les animaleries, et il y a aussi de nombreux employés qui poursuivent leur formation et traitent bien les animaux ! Néanmoins, la recherche du profit passe avant tout.

Dans de très nombreux cas, les animaux proposés dans les animaleries proviennent d'élevages de masse douteux, où les animaux sont "produits" dans des conditions indignes. Ce phénomène est entre-temps assez bien documenté et il existe une abondance d'images de telles entreprises d'élevage.

Là-bas, en règle générale, on accorde très peu d'importance à l'élevage et à la reproduction adaptés à l'espèce. Ce n'est pas seulement le cas pour les cochons d'Inde, mais aussi pour de nombreuses autres espèces animales proposées dans le commerce des animaux de compagnie.

Dans de nombreux cas, les animaux disposent de beaucoup trop peu d'espace, reçoivent une nourriture malsaine et bon marché et développent souvent des maladies. Les animaux morts ne sont parfois pas retirés et les enclos sont souvent nettoyés trop rarement. De nombreux animaux dans les animaleries présentent donc des maladies, soit en raison de défauts génétiques, car un élevage sérieux nécessite beaucoup de savoir-faire, soit en raison des mauvaises conditions de détention dans les élevages.

Souvent, les jeunes animaux sont séparés de leur mère beaucoup trop tôt afin de les vendre rapidement et de réaliser un bénéfice. C'est pourquoi il est toujours important de connaître l'origine des cobayes respectifs. Une femelle doit être autorisée à rester avec sa mère pendant au moins cinq à six semaines. En ce qui concerne les mâles, il est important de mentionner qu'ils sont déjà sexuellement matures à l'âge de trois semaines (ou lorsqu'ils atteignent un poids d'environ 250 grammes) et qu'ils pourraient théoriquement s'accoupler avec leurs sœurs ou même leur propre mère. Bien sûr, il faut éviter cela. Nous y reviendrons un peu plus tard.

Il est maintenant logique et compréhensible de se sentir désolé pour les animaux de l'animalerie. Compte tenu des circonstances, beaucoup de gens ne se rendent pas compte que ces animaux souffrent souvent, ou bien ils veulent les sauver. Cette pensée est louable. Cependant, il ne faut pas oublier que ces pratiques sont soutenues par chaque achat, même si l'achat a été fait par compassion et amour pour les animaux.

Nous vivons dans le capitalisme, où la demande détermine fortement l'offre. Si nous imaginons maintenant que plus personne n'achète d'animaux dans des élevages de masse douteux ou dans des animaleries classiques, ce modèle économique ne serait plus rentable, et les éleveurs et les animaleries seraient contraints de changer leur façon de traiter les animaux. Soit le commerce de masse des animaux s'éteindrait lentement, soit les entreprises devraient améliorer massivement leurs pratiques pour générer à nouveau une demande. Il est donc du ressort de chaque amoureux des animaux d'améliorer le sort des animaux qui naîtront à l'avenir.

La question est maintenant de savoir où se procurer des animaux de compagnie en toute conscience. Les meilleures options sont les refuges pour animaux, d'une part, et les foyers d'accueil et de sauvetage, d'autre part. Les refuges et les maisons d'accueil ont de nombreux animaux qui n'étaient pas désirés par leurs anciens propriétaires ou qui ont été abandonnés pour une autre raison.

Par conséquent, la chose la plus logique et la plus sensée à faire est d'offrir à ces animaux un nouveau foyer agréable. Les éleveurs réputés sont également une possibilité, mais beaucoup de gens pensent qu'il est plus logique de donner d'abord une nouvelle chance aux animaux déjà existants (dans les refuges et les foyers d'accueil), plutôt que d'élever de plus en plus d'animaux, dont une certaine partie finit à nouveau dans les refuges et les maisons d'accueil.

Dans les refuges et les refuges pour animaux, on trouve souvent des animaux un peu plus âgés ou adultes. Mais il y a aussi de jeunes animaux, qui proviennent par exemple d'un accouplement non désiré et ont ensuite été abandonnés. Ou bien ils ont été donnés arbitrairement pour Noël, mais n'ont finalement pas été désirés. Certains de ces animaux sont assez faciles à soigner, d'autres sont un peu plus difficiles, ce qui est souvent dû au fait que beaucoup d'animaux dans les refuges et les centres de secours n'ont pas ou peu connu l'amour dans le passé.

En particulier pour les débutants, les foyers d'accueil (sauvetages) sont souvent préférables aux refuges pour animaux, car les foyers d'accueil peuvent souvent offrir de meilleurs conseils et un meilleur suivi que les refuges pour animaux. Les refuges s'occupent principalement des chiens et des chats, et leurs connaissances sur les cochons d'Inde sont parfois assez limitées - bien que cela ne s'applique évidemment pas à tous les refuges !

Les foyers d'accueil, en revanche, sont gérés par des personnes qui ont souvent des années d'expérience dans la prise en charge de l'espèce en question. De nombreux foyers d'accueil se concentrent sur une espèce spécifique, ou du moins sur quelques espèces différentes. Par conséquent, les exploitants de ces foyers d'accueil sont généralement de très bons contacts qui sont heureux de fournir des conseils et une assistance, ce qui est particulièrement avantageux pour les nouveaux arrivants.

Les éleveurs sérieux constituent également une alternative appropriée, mais ils doivent être strictement distingués des multiplicateurs purs. Les éleveurs sérieux connaissent très bien leurs animaux, ils connaissent les pedigrees, ont des connaissances approfondies en biologie et en génétique. Ce n'est pas le cas des multiplicateurs purs, car ils réunissent souvent les animaux sans plan bien réfléchi et vendent ensuite les jeunes sans se soucier de leur futur foyer.

En outre, il ne faut pas oublier qu'en plus de l'achat des cobayes et de l'acquisition du matériel initial, il y a aussi des frais courants, par exemple pour le foin, la litière, la nourriture. Il faut également veiller à toujours avoir assez d'argent au cas où un cochon d'Inde tomberait malade et devrait aller chez le vétérinaire. Les frais vétérinaires peuvent être assez élevés et s'accumulent rapidement si le cochon d'Inde doit être opéré, par exemple.

Genres et groupes

La chose la plus importante déjà à l'avance : Les débutants doivent s'abstenir d'élever des animaux et ne pas prendre le risque que les animaux puissent se reproduire involontairement. L'élevage devrait être réservé à des personnes très expérimentées qui peuvent s'appuyer sur des années d'expérience et qui ont des connaissances approfondies en matière de génétique.

Il existe aujourd'hui différentes constellations de groupes, dont certaines sont plus ou moins adaptées aux débutants.

Si les sexes sont mélangés, il est essentiel que le mâle soit castré afin qu'il ne puisse pas s'accoupler avec la ou les femelles. Dans un groupe exclusivement masculin, ce n'est pas aussi essentiel - en général, les mâles castrés sont réputés avoir un tempérament plus modéré que leurs compagnons non castrés, mais il s'agit toujours d'une question de caractère et cela ne peut pas s'appliquer à tous les cochons d'Inde, car ils sont très individuels.

En principe, un cochon d'Inde ne devrait jamais être gardé seul, car les cochons d'Inde sont des animaux extrêmement sociaux. Ils ont besoin d'au moins un compagnon de la même espèce pour vivre une vie heureuse. Si un cochon d'Inde est gardé seul, on observe des troubles du comportement et malheureusement souvent une dépression, une déficience immunitaire due à la solitude, une mort souvent prématurée, etc.

Certaines personnes aiment garder un cochon d'Inde seul, car l'animal s'accroche alors à l'humain comme seule "personne de référence", mais cela n'est en aucun cas adapté à l'espèce. Comment nous sentirions-nous si nous n'avions que des cochons d'Inde comme amis et que nous n'étions jamais autorisés à chercher le contact avec un autre humain ?

Même les cochons d'Inde âgés sont dans la plupart des cas encore bien socialisables et peuvent être socialisés avec d'autres cochons d'Inde, car les cochons d'Inde sont généralement des animaux assez pacifiques. Lors de la socialisation des cochons d'Inde, il y a dans la plupart des cas beaucoup moins de problèmes qu'avec certaines autres espèces animales, par exemple la socialisation des chinchillas, qui est souvent plus difficile.

C'est pourquoi les cochons d'Inde doivent être élevés au moins par paires ; vous pouvez ici garder soit deux femelles, soit deux mâles, soit une femelle avec un mâle, ce dernier devant bien entendu être obligatoirement castré.

Un groupe de trois, quatre, cinq ou même plus de cochons d'Inde est encore plus agréable. La forme d'élevage la plus "naturelle" et la plus simple pour les débutants est certainement l'élevage en harem. Un mâle (castré !) vives ensemble avec plusieurs femelles. Mais pourquoi un seul mâle ? Eh bien, sinon, il pourrait y avoir de très sérieuses bagarres entre les mâles qui se disputent les femelles et se livrent à des rivalités. Si vous voulez garder plusieurs mâles avec plusieurs femelles ensemble, le groupe doit être vraiment grand, de sorte qu'il y ait assez de femelles pour chaque mâle (par exemple 8-10 femelles avec deux mâles).

Sinon, vous ne risquez que des querelles inutiles et parfois dangereuses. Cependant, un tel groupe est beaucoup trop important pour la plupart des débutants, et il est donc conseillé aux nouveaux venus de garder un cochon castré avec plusieurs femelles.

Bien sûr, vous pouvez aussi avoir un groupe exclusivement composé de femelles, mais dans de nombreux cas, la dynamique du groupe est plus agréable lorsqu'un mâle est présent. Le mâle joue souvent le rôle d'arbitre lorsque les femelles se chamaillent, et il régule les hormones des femelles puisque c'est dans leur nature d'avoir un mâle dans le groupe. Dans un groupe exclusivement féminin, il doit aussi y avoir un chef, et une femelle se met généralement dans le rôle d'un mâle, bien que cela ne soit pas dans sa nature. Par conséquent, si possible, il est toujours plus pratique d'avoir un mâle castré dans le groupe.

L'élevage en harem est la forme d'élevage de cochons d'Inde la plus populaire dans le monde, car ce mode de vie est aussi le plus proche de celui des cochons d'Inde à l'état sauvage. La question se pose donc naturellement de savoir ce qu'il advient des mâles restants qui ne peuvent pas s'affirmer et ne sont pas autorisés à "diriger" un groupe de harem. Dans la nature, on observe souvent que les mâles inférieurs se rassemblent en groupes de mâles - et bien sûr, il doit aussi exister des groupes exclusivement masculins chez les animaux de compagnie, car il n'est mathématiquement pas possible que chaque cochon d'Inde vive dans un harem.

Le bon ou le mauvais fonctionnement d'un groupe de mâles dépend toujours aussi des caractères respectifs des différents cochons d'Inde, car chaque cochon d'Inde a sa propre personnalité. En général, cependant, les groupes de mâles jouissent d'une réputation plus mauvaise que la réalité, car souvent ces groupes fonctionnent très bien, surtout si les cochons d'Inde se connaissent depuis longtemps et ont peut-être même grandi ensemble. En particulier dans les refuges ou les foyers d'accueil, on trouve souvent des groupes de mâles "prêts à l'emploi" qui ont déjà prouvé qu'ils s'entendaient bien.

Dans la mesure du possible, il faut veiller à ce que les groupes adoptés ne soient pas séparés les uns des autres, car les cochons d'Inde nouent généralement des liens étroits et profonds les uns avec les autres et sont donc très tristes d'être séparés !

La taille et la composition du groupe qui conviennent le mieux au propriétaire est une décision individuelle qui dépend toujours de l'espace que le futur propriétaire peut offrir aux cochons d'Inde et de la disponibilité éventuelle de couples ou de groupes déjà existants.

En outre, il est important de mentionner que toutes les castrations ne sont pas identiques : il y a d'une part la "castration précoce" et d'autre part la "castration normale". La castration précoce est pratiquée avant que le mâle ne devienne fertile, entre autres pour qu'il puisse rester plus longtemps avec sa maman.

Comme le mâle n'est pas encore fertile à ce moment-là, l'animal est immédiatement autorisé à retourner auprès de sa mère et du reste de la famille. En outre, la stérilisation précoce est considérée comme plus facile que la stérilisation normale et l'expérience a montré qu'il y a moins de complications.

La stérilisation normale peut avoir lieu à tout moment, mais elle ne doit évidemment pas être pratiquée sur des animaux particulièrement âgés ou malades. La stérilisation tend à être une opération plutôt simple et de routine, mais, comme toute opération, elle comporte un stress et un risque résiduel. Après une castration normale, le mâle reste capable de procréer pendant un certain temps, car il reste des spermatozoïdes dans la vésicule séminale, qui ne se décomposent que progressivement. Ce n'est qu'après au moins six semaines que le mâle est réellement incapable de procréer !

Par ailleurs, il convient d'évoquer brièvement la combinaison cochonne d'Inde-lapin, car cette composition est très populaire depuis de nombreuses années. La combinaison d'un cochon d'Inde et d'un lapin (apparemment !!!) se passe bien dans de nombreux cas car les deux animaux ne semblent généralement pas exceptionnellement agressifs, mais elle est tout sauf adaptée à l'espèce. L'animal n'est pas égal à l'animal - car les cochons d'Inde et les lapins ne parlent pas la même langue et ne peuvent pas communiquer (correctement) entre eux. Cette composition n'est pas meilleure que de les garder individuellement.

Les deux espèces animales sont des créatures sociales qui ont besoin d'au moins un ami de la même espèce (!) pour vivre une vie heureuse. Cette composition n'a de toute façon aucun sens, car si vous obtenez deux animaux, vous pouvez choisir soit deux cochons d'Inde, soit deux lapins (au lieu d'une combinaison des deux).

Cependant, on voit souvent des lapins et des cochons d'Inde vivre paisiblement ensemble dans un grand groupe - ce n'est pas un problème dans la plupart des cas, tant qu'il n'y a pas d'agressivité entre les animaux et que chaque espèce a également des compagnons de la même espèce !

L'enclos

Les cochons d'Inde - ont besoin de - beaucoup - d'espace ! Un espace suffisant est la condition sine qua non pour élever des cochons d'Inde d'une manière adaptée à leur espèce. Il existe de nombreuses façons de garder les cochons d'Inde, mais la plus courante est de les garder à l'intérieur dans un enclos. Par conséquent, nous nous concentrerons principalement sur l'hébergement en intérieur.

Certains propriétaires de cochons d'Inde pratiquent également l'élevage en liberté, c'est-à-dire que les cochons d'Inde disposent d'une zone où ils trouvent leur nourriture, leur eau et leur lieu de couchage, mais au-delà, ils sont autorisés à se déplacer librement dans toute la maison.

La décision d'opter pour cette solution pour le propriétaire concerné est toujours une décision individuelle et il faut également procéder à une évaluation des risques, car il ne doit évidemment pas y avoir de dangers sous la forme d'autres animaux domestiques (chiens, chats), d'escaliers ou d'autres risques de chute, etc.

En outre, toute la maison doit être rendue étanche aux cobayes. C'est pourquoi la plupart des gens choisissent de les garder dans un enclos avec un exercice régulier sous surveillance.

Si les conditions de vie le permettent, les cochons d'Inde peuvent bien sûr aussi disposer d'une pièce entière, dans laquelle ils peuvent se déplacer librement. Nous allons toutefois commencer par la forme de détention la plus courante : La détention dans un enclos.

L'enclos doit être suffisamment grand dans tous les cas, même si les cochons d'Inde bénéficient régulièrement d'un parcours supplémentaire. Les petites cages sont dépassées depuis longtemps, car même si les animaux sont autorisés à sortir de temps en temps, ils passent toujours la majeure partie de leur vie dans la petite cage. Ce n'est pas bon pour les animaux, car ils devraient toujours avoir suffisamment d'espace pour se déplacer librement - même la nuit, lorsque nous dormons.

En ce qui concerne les dimensions minimales de l'enclos du cochon d'Inde, il existe des recommandations différentes dans chaque pays, qui ne coïncident pas toujours. La question importante est la suivante : de combien d'espace les cochons d'Inde ont-ils besoin en permanence pour manger ensemble, jouer, mais aussi s'écarter et avoir leur tranquillité ? Je recommande donc une taille minimale de l'enclos de 2 mètres carrés (environ 22 pieds carrés).

Cela suffit pour un groupe de deux à trois cochons d'Inde, par exemple pour un harem composé d'un mâle et de deux femelles.

Si une autre femelle est ajoutée, il faut ajouter 0,5 mètre carré (environ 5 pieds carrés), par exemple, deux mètres carrés et demi pour quatre animaux (environ 27 pieds carrés). Bien entendu, il n'y a pas de limite supérieure, car la maison des cochons d'Inde peut toujours être plus grande ! Plus les animaux ont de l'espace, mieux c'est ! Il ne s'agit que de recommandations minimales.

Un groupe de purs mâles doit disposer d'un peu plus d'espace, car les mâles sont plus dominants et doivent avoir plus d'espace pour s'écarter de leur chemin. Un mètre carré d'espace devrait être fourni par mâle (environ 11 pieds carrés par mâle).

Un espace suffisant est essentiel pour la santé mentale et physique. Dans les enclos trop petits, les bagarres sont plus fréquentes car les animaux ne peuvent pas s'écarter les uns des autres, les animaux sont plus enclins à l'obésité car ils ne peuvent pas faire assez d'exercice, ils développent parfois une dépression en raison du manque d'espace, et bien plus encore.

En ce qui concerne le type d'enclos, vous pouvez faire preuve d'un peu de créativité - de nombreux éleveurs construisent leurs propres enclos, par exemple, à partir de bois et de panneaux en plexiglas. Les étagères enfichables (par exemple la marque Songmics ©) sont également très populaires aujourd'hui, car elles peuvent être assemblées comme vous le souhaitez.

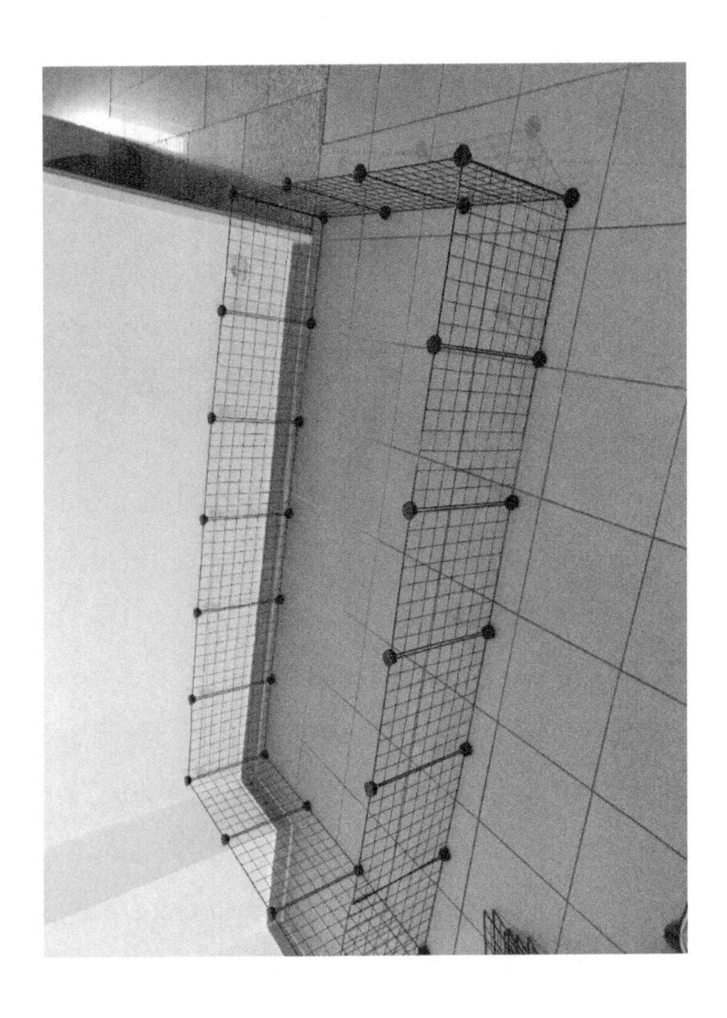

L'enclos peut également être construit sur deux étages, afin que les cochons d'Inde disposent d'encore plus d'espace.

La condition préalable est, bien entendu, que les animaux ne risquent pas de tomber et de se blesser.

Si les circonstances le permettent, il est recommandé de ne pas placer l'enclos directement sur le sol, mais de le placer légèrement en hauteur, par exemple au niveau de la taille ou même un peu plus haut. En effet, dans la nature, les cochons d'Inde ont souvent pour prédateurs des oiseaux de proie, qui s'approchent naturellement par le haut et attrapent l'animal. Par conséquent, les cobayes sont sceptiques à l'égard de tout ce qui vient d'en haut, même s'ils n'ont jamais vu d'oiseau de proie. C'est ancré dans leur instinct. Il est donc plus agréable pour les animaux que vous les approchiez par le côté (et non par le haut), car la menace n'est alors pas perçue comme aussi grande.

Cependant, placer l'enclos sur le sol n'est pas un problème non plus - vous devez simplement veiller à vous agenouiller pour être au même niveau que les animaux si possibles, et à approcher l'animal avec votre main par le côté plutôt que par le haut.

Si le compartiment est fait maison, il faut également veiller à protéger le sol et à empêcher l'urine, etc. de s'écouler. Si l'enclos est en bois, il faut bien sûr veiller à ce que le bois ne pourrisse pas et ne moisisse pas à cause de l'humidité ou autre. Pour l'isolation, la bâche de bassin est donc particulièrement appréciée, car elle est très étanche et en même temps pas trop chère. En outre, elle peut être découpée facilement, en fonction de la quantité de bâche dont vous avez besoin et de sa forme. Personnellement, j'utilise une bâche de camion. Le fond en PVC convient également très bien.

En ce qui concerne le substrat, vous décidez entre deux options : Est-ce que je préfère utiliser de la litière et la jeter à la poubelle ?

Ou bien j'opte pour le molleton/polaire, qui est devenu extrêmement populaire ces dernières années, et je préfère le laver ?

Les deux options ont leurs avantages et leurs inconvénients, qu'il convient de peser individuellement avant de prendre une décision. Voici quelques exemples :

- La literie peut générer pas mal de déchets (en fonction de la taille de l'enclos). Dans certains immeubles collectifs, cela peut entraîner des désaccords, surtout si aucune poubelle bio séparée n'est disponible et que la poubelle des déchets résiduels est régulièrement trop pleine. Dans ce cas, la garde de la toison peut être appropriée.

- De nombreux détenteurs rapportent que leurs cochons d'Inde courent beaucoup plus sur la toison et qu'ils se déplacent généralement davantage parce qu'ils ont une meilleure prise sur la toison que sur la litière libre.

- Nous lisons souvent que les personnes allergiques sont passées à la toison parce qu'elle crée moins de poussière.

- Les garnitures pour les logements en polaire ne doivent être achetées qu'une seule fois et remplacées de temps en temps si nécessaire (lorsqu'elles deviennent trop usées). La litière doit être achetée régulièrement.

- Le foin est souvent difficile à retirer de la toison et, dans de nombreux cas, il y adhère fortement. Il faut veiller à ce que le foin ne bouche pas la machine à laver. Les sacs à linge ou les vieilles taies d'oreiller sont recommandés.

- Lorsqu'on utilise de la litière, il y a plus de déchets et des coûts réguliers pour le rachat, lorsqu'on utilise de la toison, il y a des coûts pour l'électricité et l'eau de la machine à laver.

- La polaire a un coût initial relativement élevé, en fonction de la taille de l'enclos. Cependant, cela dépend également des produits que vous achetez et du coût de la litière en comparaison.

- La litière doit être contrôlée de plus près, car des résidus alimentaires, par exemple, peuvent se glisser sous la surface. Il faut bien sûr les éliminer. Avec la toison, tous les excréments et résidus alimentaires restent à la "surface" et sont bien visibles.

- Si nécessaire, une usure plus rapide de la machine à laver.

Le choix du support reste donc une décision individuelle. Personnellement, j'avais l'habitude d'utiliser de la litière normale pour petits animaux, mais je suis passée au molleton il y a plusieurs années et je continuerai à l'utiliser, car mes cochons d'Inde s'amusent plus et mieux sur le molleton et il y a beaucoup moins de déchets.

La litière normale pour petits animaux (copeaux de bois de résineux, comme le pin ou l'épicéa) est très absorbante et offre une surface assez douce aux animaux. Cependant, la litière de noix de coco, par exemple, est souvent utilisée car elle est également très absorbante, mais il est important de vérifier si les cobayes la mangent. La litière de noix de coco mangée peut entraîner de graves blocages. La litière de chanvre est également très populaire car elle est totalement dépourvue de poussière, mais elle est généralement moins absorbante que la litière ordinaire pour petits animaux.

Si vous souhaitez utiliser des granulés de bois, qui sont en fait très efficaces pour absorber l'urine et fixer les odeurs, veillez à utiliser une autre litière douce par-dessus les granulés de bois, car ces derniers ne sont pas du tout confortables pour les pattes des cobayes ! En outre, la litière ne doit pas contenir de parfums, mais doit rester très naturelle.

Avec le polaire, le substrat se compose de deux couches : D'une part, un substrat absorbant et, d'autre part, la toison qui le recouvre. Parfois, vous pouvez acheter des matelas en polaire déjà assemblés, par exemple chez GuineaDad ©.

En ce qui concerne les coussins absorbants, la plupart des gens optent pour le molleton ou les coussins d'incontinence. Personnellement, je n'utilise que des serviettes d'incontinence et je les découpe en fonction de la taille de l'enclos - ce n'est pas un problème. La deuxième couche (c'est-à-dire le molleton) est placée sur le tampon absorbant car le molleton n'absorbe pas le liquide (l'urine) lui-même mais le fait passer à travers la deuxième couche pour qu'il y soit absorbé. De plus, la toison sèche généralement assez rapidement. Ainsi, les pattes du cochon d'Inde restent généralement bien sèches.

Cependant, il existe des endroits où les cochons d'Inde aiment particulièrement uriner - dans leur maison, dans les coins ou autres. De nombreux cochons d'Inde ont leurs endroits préférés. Par conséquent, il est recommandé de mettre des tampons à pipi dans ces endroits ou sous les maisons et de les changer tous les jours ou tous les deux jours, selon les besoins. Je les change tous les jours. Les pipipads sont cousus selon le même concept. Ils sont également assez faciles à coudre soi-même avec un peu d'habileté ou peuvent être achetés tout prêts.

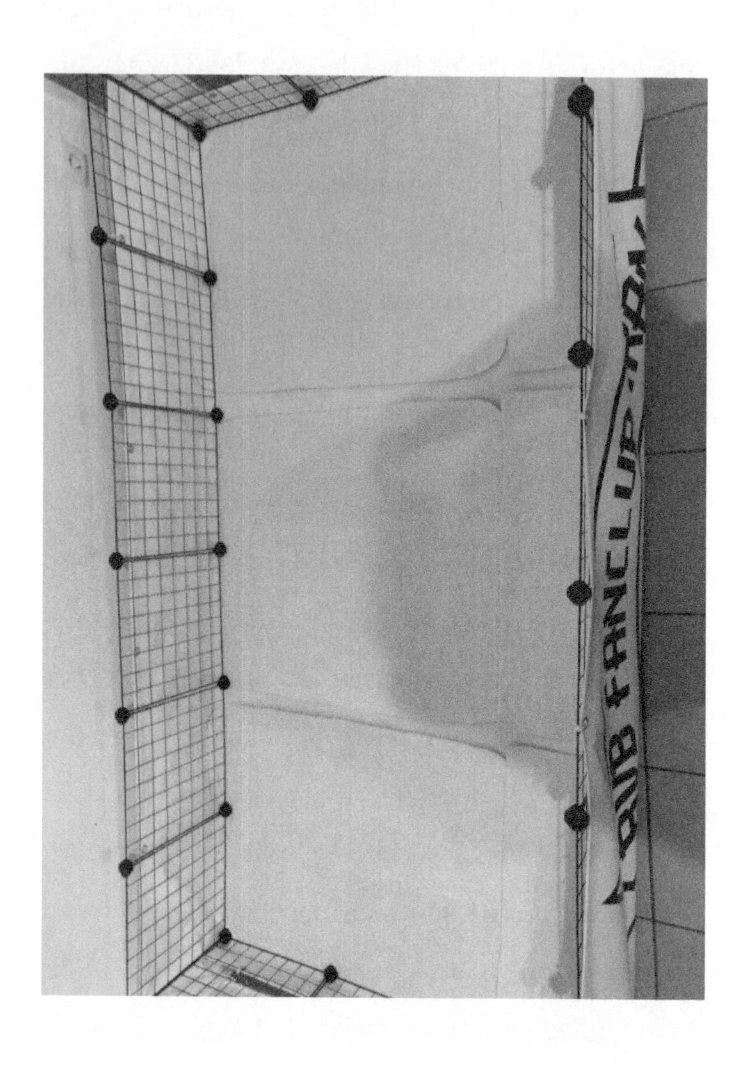
FANCLUB

La fréquence de changement et de lavage des textiles dépend de leur degré de saleté et de la taille de l'enclos ou du nombre de cochons d'Inde. Je change les pipipads une fois par jour, lorsque je balaie également les excréments et les restes de nourriture, et je fais un grand nettoyage une fois par semaine, au cours duquel je renouvelle tout le substrat.

Les pipipads, les coussins absorbants, les couvertures polaires et tout autre mobilier tel que les canapés, les hamacs, etc. peuvent être lavés dans une machine à laver normale. Dans tous les cas, faites attention à ne pas utiliser de détergents et d'assouplissants chimiques et utilisez uniquement des produits naturels et biologiques. Je n'utilise pas du tout de détergents achetés pour mon installation de cobayes mais je lave les vêtements à 60°C (140°F) avec du bicarbonate de soude comme détergent et du vinaigre comme adoucissant.

Cela élimine les odeurs et tue les germes. Tant la chaleur de 60°C / 140°F que le bicarbonate de soude et le vinaigre ont un effet antibactérien et sont totalement naturels !

En outre, les cochons d'Inde ont besoin de suffisamment de cachettes. En règle générale, les cochons d'Inde ne sont pas des animaux qui se câlinent entre eux. Les chinchillas, par exemple, font partie des animaux qui aiment dormir blottis les uns contre les autres, mais cela ne s'applique généralement pas aux cochons d'Inde.

C'est pourquoi chaque cochon d'Inde devrait posséder au moins une petite maison pour qu'ils puissent s'isoler les uns des autres et se reposer quand ils le souhaitent. Les cochons d'Inde ont une hiérarchie. Il arrive cependant qu'un cochon d'Inde de rang supérieur expulse un autre animal d'une certaine maison, parce qu'il veut s'y reposer - l'animal de rang inférieur doit alors faire de la place.

D'autres possibilités de retraite peuvent également être proposées avec plaisir, par exemple les hamacs sont généralement très populaires ! L'imagination n'a pratiquement pas de limites, à condition que les matériaux soient non toxiques et sans danger pour les animaux.

Pour se divertir, les cochons d'Inde peuvent également se voir proposer de nombreuses choses différentes - vous pouvez aussi faire preuve d'un peu de créativité. Par exemple, les cochons d'Inde adorent courir dans des tunnels et explorer de nouveaux objets. Quelques exemples :

- Ponts de saule
- Branches d'arbres non toxiques (par exemple, pommiers, bouleaux, hêtres ou noisetiers)
- Tunnels et tubes en carton, liège, bois non traité, etc.
- Jouets intelligents
- Les jouets alimentaires (par exemple, les boules alimentaires)

Les avis divergent sur la question de savoir si les bols à nourriture sont nécessaires. Peu de cochons d'Inde laissent leur nourriture dans la gamelle et la retirent de toute façon avant de la manger. Je n'utilise pas de bols de nourriture et distribue plutôt la nourriture dans la cage. Cependant, les cochons d'Inde doivent toujours avoir accès à de l'eau potable fraîche, bien que la plupart des cochons d'Inde ne boivent pas beaucoup (ou pas du tout) de toute façon s'ils sont nourris avec une alimentation adaptée à leur espèce. Dans la nature, les cochons d'Inde tirent leurs besoins en liquide presque exclusivement de la nourriture qu'ils mangent, c'est-à-dire de l'herbe, des feuilles, des herbes, etc. Si les cochons d'Inde sont nourris de granulés ou d'autres aliments secs, cela ne correspond évidemment pas à l'alimentation dans la nature et les animaux doivent boire (beaucoup) d'eau supplémentaire pour éviter la déshydratation. Cependant, même avec une alimentation naturelle adaptée à l'espèce, de l'eau potable fraîche doit toujours être disponible pour que les cochons d'Inde puissent se servir s'ils le souhaitent.

À cet égard, il existe un éternel débat : qu'est-ce qui est le mieux, des bouteilles ou des bols ?

Personnellement, je ne fournis que des bols et je le recommande. À première vue, un biberon peut sembler plus hygiénique, car l'eau qu'il contient n'entre pas en contact avec la litière, la nourriture ou autre. Cependant, d'après mon expérience, les bols sont plus hygiéniques que les bouteilles car ils sont beaucoup plus faciles à nettoyer. Un bol peut être facilement rincé, vous pouvez accéder à tous les coins et le nettoyage avec du vinaigre (antibactérien !) est également facile.

Tous les bols doivent être en céramique ou dans un matériau similaire pour éviter qu'ils ne soient mâchouillés. Les bols en plastique sont à éviter. En outre, les bols en céramique sont plus stables et ne se renversent pas facilement.

Les gourdes, en revanche, peuvent abriter toutes sortes de germes - et même des algues. Le nettoyage est plus difficile, et vous avez besoin d'une brosse spéciale pour atteindre les coins. En outre, le nettoyage de la tétine est un obstacle car c'est souvent là que se forment la plupart des dépôts. La petite boule des abreuvoirs à tétine est particulièrement difficile à atteindre ou à nettoyer de manière satisfaisante.

Certains propriétaires de cobayes proposent les deux options et observent d'abord si les animaux préfèrent le biberon ou la gamelle. Dans tous les cas, l'abreuvoir doit être nettoyé quotidiennement et de l'eau fraîche doit être proposée tous les jours.

La possibilité d'utiliser l'eau du robinet à cette fin varie généralement d'un pays à l'autre et même d'une région à l'autre, car la qualité de l'eau du robinet dépend de nombreux facteurs. Si l'eau du robinet est de bonne qualité et ne contient pas de chlore, elle peut être utilisée pour les cobayes ; sinon, il est préférable d'utiliser de l'eau en bouteille.

Les blocs à lécher minéraux, en revanche, sont totalement inutiles et font souvent plus de mal que de bien, car l'excès de sel peut soumettre les reins à un stress extrême. Le cas échéant, il y a un "surapprovisionnement" en chlorure de sodium qui, dans le pire des cas, peut même entraîner une insuffisance rénale.

Aucun animal n'a besoin de lécher du sel, car un régime alimentaire adapté à l'espèce fournit de toute façon les sels et autres minéraux et vitamines nécessaires. Les besoins en sel d'un animal (ou d'un être humain) sont souvent surestimés, car les quantités nécessaires sont très faibles et peuvent être facilement couvertes par une alimentation adaptée à l'espèce. Les herbes délicieuses sont particulièrement bien adaptées à cet effet !

Il n'est pas non plus possible de contrôler quel cochon d'Inde utilise le bloc à lécher minéraux, à quelle fréquence et avec quelle intensité - si vous ne la léchez que de temps en temps, ce n'est pas un problème majeur, mais certains animaux grignotent les pierres et en arrachent des morceaux beaucoup trop gros. Si l'on ajoute à cela le fait que les nutriments nécessaires sont de toute façon couverts par une alimentation saine, il est préférable de ne pas toucher aux blocs à lécher.

Cependant, les cochons d'Inde ont besoin d'un accès permanent au foin et/ou l'herbe - car le foin est de l'herbe séchée et c'est la base de leur alimentation ! Mais nous verrons cela plus en détail dans un autre chapitre.

Le fourrage frais est la meilleure nourriture.

Régime alimentaire et nutrition

Les animaux sont grossièrement divisés en carnivores, herbivores et omnivores. Au sein de cette catégorie, il existe souvent d'autres spécialisations, par exemple les insectivores font partie des carnivores et les mangeurs de feuilles font partie des herbivores.

Nos cochons d'Inde sont de purs herbivores dont le régime naturel est largement basé sur l'herbe. Outre l'herbe, ils mangent également des feuilles d'arbres, des herbes sauvages, etc. Notre objectif est de reproduire le plus fidèlement possible le régime naturel de nos animaux de compagnie.

Tout d'abord, je tiens à signaler que j'ai déjà publié un livre spécial sur la nutrition ("Super Poopers - Régime alimentaire approprié pour les cochons d'Inde"). Sur une centaine de pages, nous abordons l'alimentation adaptée à l'espèce et examinons de plus près les différents aliments. Le thème de l'alimentation est très complexe, mais c'est aussi la condition sine qua non pour offrir aux cochons d'Inde une vie longue et saine.

Nous allons aborder la nutrition dans ce chapitre, mais pour des informations plus détaillées, je vous renvoie au guide ci-dessus.

Comme nous l'avons déjà mentionné, les cobayes dans la nature se nourrissent principalement d'herbes, de feuilles et de plantes sauvages. C'est pourquoi il est si important que les cochons d'Inde aient du foin à disposition 24 heures sur 24 - car le foin n'est rien d'autre que de l'herbe séchée (souvent enrichie d'herbes ou de fleurs séchées).

Si vous vivez dans une région où il fait encore assez chaud en hiver, vous pouvez offrir aux animaux de l'herbe fraîche toute l'année, mais cela ne s'applique pas à la plupart d'entre nous - le foin est donc un substitut à l'alimentation de base des cochons d'Inde.

Une excellente prairie dans la forêt voisine.

Il est extrêmement important que les cochons d'Inde mangent souvent des aliments qui contiennent une forte proportion de fibres brutes et qui doivent être très bien mâchés. Les dents du cochon d'Inde continuent de pousser régulièrement - contrairement à celles de l'homme - et doivent être bien abrasées par la mastication.

Dans le passé, on pensait souvent que l'abrasion des dents était due à une alimentation dure, si bien que de nombreux cochons d'Inde recevaient à l'époque du pain dur et des aliments similaires. Or, cela est tout sauf sain, car cette nourriture se ramollit rapidement, n'a pas besoin d'être bien mâchée et est souvent lourde pour l'estomac. Il est préférable pour les cobayes de manger beaucoup d'aliments riches en fibres brutes et pauvres en calories. En effet, l'abrasion des dents se produit lors d'une mastication intense, où les dents se frottent les unes contre les autres. Si les cochons d'Inde n'ont pas assez à mâcher, ils risquent d'avoir des problèmes dentaires !

Cependant, n'oubliez pas que les cochons d'Inde ont un tube digestif assez sensible - cela signifie que toute nouvelle nourriture doit être donnée lentement au début, afin que le corps s'habitue à la nouvelle nourriture.

Si vous voulez chercher de la nourriture fraîche pour vos cochons d'Inde dans une forêt voisine, le long des chemins de campagne ou dans des endroits similaires, vous devez vous assurer qu'aucun raticide ou autre n'y a été pulvérisé. Ceci est également important si, par exemple, vous vous approvisionnez en nourriture dans le jardin d'un membre de la famille ou d'un ami. De même, il ne faut pas collecter de nourriture près des routes à grande circulation ou autres, car les gaz d'échappement y sont bien sûr très polluants.

S'il fait assez chaud et que vous offrez de l'herbe fraîche à vos cochons d'Inde, il est possible qu'ils ne prêtent guère attention à leur foin pendant cette période - car le foin n'est que de l'herbe séchée. C'est pourquoi de nombreux cochons d'Inde préfèrent choisir la variété fraîche. Néanmoins, le foin doit toujours être proposé et être disponible 24 heures sur 24.

En outre, vous devez garder à l'esprit que les cochons d'Inde choisissent généralement les meilleures tiges dans le foin. Il est normal que les cochons d'Inde ne mangent pas tout le foin qui leur est fourni. Ils doivent être autorisés à choisir les tiges les plus précieuses et à laisser le reste. Par conséquent, vous devez leur fournir du nouveau foin chaque jour, même si le vieux foin de la veille n'a pas été mangé (entièrement). En aucun cas, vous ne devez "forcer" les animaux à tout manger avant qu'il n'y ait un nouveau remplissage.

Le foin doit toujours être stocké dans un endroit sec. Il ne doit pas entrer en contact avec l'humidité. Il doit également être stocké dans un endroit sombre - par exemple, une boîte en bois, des boîtes en carton ou des sacs en tissu sont idéaux pour le stockage, car le foin peut encore "respirer".

Les cochons d'Inde apprécient également les herbes sauvages savoureuses, qui leur apportent toutes sortes de vitamines et de minéraux différents. Pour en savoir plus sur les différentes herbes, consultez mon guide alimentaire spécial. Les herbes sauvages suivantes conviennent parfaitement à l'alimentation de vos animaux :

- Pissenlit
- Orties
- Pâquerettes
- Trèfle
- Ribwort plantain
- Camomille
- Cresson de fontaine
- Millepertuis
- Achillée millefeuille
- Bec-de-grue

- Mouron des oiseaux

Bien entendu, cette liste n'est pas exhaustive, elle ne contient que des exemples.

Les herbes de cuisine peuvent également être données en nourriture, par exemple :

- Basilic
- Persil (pas aux femelles enceintes)
- Aneth
- Coriandre
- Marjolaine
- Origan
- Menthe
- Sauge
- Thym

Mais il existe aussi des plantes qui ne doivent en aucun cas être données en nourriture. Certaines plantes sont même mortelles, tant pour les cobayes que pour les humains. Il s'agit notamment du colchique et du muguet. D'autres plantes toxiques sont le lierre, les fougères, les lys, le laurier-rose, la belladone, etc. Par conséquent, si vous trouvez une nouvelle plante qui n'est pas mentionnée dans mes listes, vous devez toujours rechercher si elle est comestible.

De nombreux cochons d'Inde aiment aussi manger les feuilles des arbres. Chez mes cochons d'Inde, par exemple, les feuilles de hêtre, de bouleau et de noisetier sont particulièrement appréciées. Les feuilles de pommier, d'abricotier, de poirier, de cerisier, de pêcher et bien d'autres encore conviennent également.

Mais certaines espèces d'arbres sont toxiques pour les cochons d'Inde - par exemple, le buis, l'if, le sureau, le magnolia et d'autres.

Les feuilles sont également très savoureuses !

Les légumes à feuilles, en particulier les différentes sortes de laitues, conviennent parfaitement à l'alimentation de vos cochons d'Inde. Les laitues amères sont particulièrement saines car elles offrent le plus de nutriments. Les variétés de laitues telles que la laitue iceberg ne sont pas non plus dangereuses et peuvent être consommées, mais elles offrent peu de valeur ajoutée et contiennent beaucoup de nitrates. L'argent payé pour les légumes peut donc être mieux investi dans les laitues suivantes :

- Endive
- Radicchio
- Frisée
- Chicorée
- Laitue romaine
- Lollo rosso
- Mâche

Il est également souvent possible d'obtenir des légumes verts gratuits ou bon marché dans les supermarchés et sur les marchés hebdomadaires, qui sont parfaits pour la consommation, mais qui ne sont pas habituellement utilisés par les humains. Il s'agit notamment de :

- Feuilles de chou-rave
- Feuilles de carotte
- Feuilles de chou-fleur
- Feuilles de radis
- Feuilles de céleri

Parlons maintenant d'un sujet quelque peu controversé : le chou ! Beaucoup de gens diabolisent le chou parce qu'il est (soi-disant) flatulent/gonfler. Cependant, cela n'est vrai que si d'autres points du régime alimentaire ne sont pas corrects.

Si les cochons d'Inde reçoivent une alimentation adaptée à leur espèce, avec des aliments frais et du foin, le chou ne pose aucun problème et convient parfaitement aux hivers froids.

Le chou peut provoquer de gazage/flatulence si des granulés ou des aliments secs industriels sont donnés en même temps. Cette nourriture ne fait pas partie de l'alimentation adaptée à l'espèce des cochons d'Inde, car leur régime est basé sur des aliments frais qui sont bien mâchés. Ce n'est pas le cas des granulés et des aliments secs industriels, surtout s'ils contiennent également des additifs malsains tels que de la mélasse, des sous-produits végétaux, des céréales, etc. Rien de tout cela n'est sain pour les cochons d'Inde.

Si l'on donne du chou, il faut commencer lentement, comme pour tout autre nouvel aliment.

Si les changements d'alimentation sont effectués trop rapidement, des problèmes digestifs peuvent toujours survenir car la digestion du cobaye n'a pas eu suffisamment de temps pour s'adapter à la nouvelle nourriture. Il en va donc de même pour le chou : Veuillez nourrir lentement sur plusieurs jours. Par exemple, le premier jour, vous pouvez offrir un morceau de la taille d'un ongle, le lendemain un morceau de la taille d'un doigt, le jour suivant une feuille, et ainsi de suite. À condition, bien sûr, que vos cobayes réagissent bien à cette nouvelle nourriture.

Il existe certaines variétés de choux qui sont assez riches en glucides de poids moléculaire élevé et qui doivent donc être donnés peu fréquemment. Ces choux peuvent en effet favoriser le gazage/flatulence s'ils sont consommés en quantités excessives et/ou si un cochon d'Inde particulier a une digestion sensible.

Ces choux sont également riches en fibres qui retiennent l'eau, une autre raison pour laquelle ils doivent être consommés avec modération. Il s'agit des choux de Bruxelles, des choux rouges, des choux blancs et des choux de Milan.

Les choux suivants sont merveilleux pour l'alimentation des cobayes :

- Le chou frisé (le chef de file absolu parmi les choux et incroyablement sain pour les cochons d'Inde et les humains).
- Chou-rave
- Chou-fleur
- le brocoli
- Chou chinois
- Pak Choi

De nombreux autres légumes peuvent compléter de manière optimale l'alimentation de vos cochons d'Inde. Notez toutefois que les plantes à feuilles constituent la meilleure alimentation pour les cochons d'Inde et que tout le reste doit être donné de manière plutôt secondaire. Les légumes tubéreux, par exemple, contiennent beaucoup de calories et doivent donc être utilisés avec parcimonie (par exemple, les carottes).

De même, les fruits sont bien sûr très caloriques en raison de leur teneur élevée en sucre, mais ils ne sont pas mauvais pour la santé. Par conséquent, les fruits conviennent mieux en tant qu'en-cas entre les repas ou en tant que friandise.

Exemples d'autres légumes sains (en tant qu'aliment complémentaire, s'il vous plaît, et non en tant qu'aliment principal) :

- Fenouil (apaise le ventre)

- Poivron (sans le pédoncule vert)

- Tomate (sans le pédoncule vert)

- Carotte (avec le vert de la carotte, aussi)

- Epinard (pas beaucoup à cause de l'acide oxalique)

- Concombre (surtout en été, une grande source d'eau)

Exemples de fruits (pas beaucoup s'il vous plaît, plutôt comme une friandise) :

- Pomme
- Poire
- Fraise (particulièrement bonne : les feuilles vertes)
- Framboise
- Pastèque (excellente en été ; également les parties vertes ou blanches)
- Pêche (sans noyau)
- Raisin (aussi les tiges)

Comportement typique

Les comportements des cobayes sont parfois très différents de ceux des autres animaux ou des humains. Par conséquent, de nombreux gestes sont souvent mal interprétés. Voici un bref aperçu des comportements courants d'un cochon d'Inde afin d'éviter toute erreur d'interprétation à l'avenir et d'interpréter correctement le comportement.

Le sifflement/le couinement :

Comment ne pourrait-il pas être le premier ? Le couinement du cochon d'Inde ! Les cochons d'Inde parlent un langage qui leur est propre et, avec le temps, nous pouvons apprendre à comprendre une grande partie de ce qu'ils essaient de nous dire (ou de se dire).

D'ailleurs, on dit que le couinement des cochons d'Inde est l'une des raisons pour lesquelles ils ont reçu leur nom : à l'époque, le couinement nous rappelait celui des cochons. Mais tous les sifflements et les couinements n'ont pas la même signification. Bien entendu, nous ne pouvons pas écouter d'enregistrements audio dans ce livre, mais examinons quelques situations typiques.

Une fois que vos cochons d'Inde se seront installés avec vous, ils sauront exactement quels bruits déclencheront une livraison de nourriture. La plupart des cochons d'Inde se mettent à couiner d'excitation lorsqu'ils entendent le bruissement d'un sac, lorsque la porte du réfrigérateur s'ouvre, peut-être lorsque l'eau coule - et les cochons d'Inde très attentifs vont même jusqu'à siffler lorsqu'ils entendent la clé tourner dans la porte d'entrée ! Ils sont dans une joyeuse anticipation et réclament leur nourriture.

Certains cochons d'Inde, comme ma Lana, utilisent même le couinement pour nous appeler activement les humains lorsque nous ne sommes pas dans la pièce. Ils apprennent avec le temps que nous venons à eux lorsqu'il y a un couinement et l'utilisent délibérément. Des cochons d'Inde intelligents !

Mais les cochons d'Inde utilisent également les sifflements et d'autres sons pour communiquer entre eux. Ils couinent souvent fort, même lorsqu'ils ont mal, mais avec le temps, nous apprenons à distinguer les différents types de couinements.

Le grognement :

Le grognement est généralement utilisé pour apaiser et calmer et peut être dirigé vers d'autres cochons d'Inde ou vers lui-même. Si un cochon d'Inde n'aime pas quelque chose ou veut chasser un autre cochon d'Inde, il grogne souvent.

Parfois, il le fait pour se calmer dans une situation stressante.

Manger des excréments :

Il est tout à fait normal que les cochons d'Inde mangent leurs propres excréments de temps en temps. Il s'agit de ce que l'on appelle les excréments du cæcum. Comme pour les humains, la nourriture du cobaye passe de la bouche à l'estomac, puis à l'intestin grêle. Mais le cobaye possède une autre station : le cæcum. C'est là que les vitamines et les nutriments sont utilisés. Les cochons d'Inde (et d'autres espèces) mangent souvent des excréments dans le cæcum - c'est normal et sain. Vous ne devez-vous inquiéter que si votre cochon d'Inde mange une quantité importante d'excréments. Cela peut être le signe qu'il ne reçoit pas suffisamment de nutriments de son alimentation et qu'il doit les "chercher" ailleurs.

Il se peut aussi que le cochon d'Inde ait des besoins accrus en raison d'une maladie.

Montage :

Un groupe de cochons d'Inde a une hiérarchie - un seul peut être le chef et les cochons d'Inde suivants forment également une hiérarchie, du moins tant que celle-ci est encore claire. Dans la nature, les cochons d'Inde vivent généralement en grands groupes, de sorte qu'il existe également une hiérarchie lâche, mais pas trop rigide, mais dans les enclos domestiques, ils vivent généralement en groupes beaucoup plus petits, de sorte que les animaux peuvent bien se souvenir de la hiérarchie.

Lorsqu'un animal en monte un autre, ce n'est pas toujours pour des raisons de reproduction ou d'autres besoins. Les femelles se grimpent également les unes les autres pour savoir qui est l'animal de rang supérieur. Si un cochon d'Inde grimpe sur le dos ou l'arrière-train d'un autre cochon d'Inde, cela montre : Je suis plus haut placé que toi. Pour les humains, cela peut parfois être difficile à comprendre, mais pour les cochons d'Inde (et aussi pour de nombreuses espèces animales apparentées), c'est tout à fait normal. L'homme ne doit pas s'en mêler (sauf s'il s'agit de mordre), car les cochons d'Inde doivent pouvoir déterminer eux-mêmes qui est le chef parmi eux.

Agressivité envers les autres cochons d'Inde :

Tous les cochons d'Inde n'entretiennent pas de bonnes relations entre eux, tout comme les humains ne s'entendent pas tous. Parfois, c'est malheureusement une question de chance (ou plutôt de malchance). Si vous adoptez plusieurs cochons d'Inde ensemble, qui ont également vécu ensemble auparavant, ce risque est bien sûr minimisé, même s'il peut toujours y avoir une querelle.

De même, si les animaux ont vécu ensemble depuis leur plus jeune âge, le risque d'agression est moindre car les animaux se connaissent depuis longtemps et sont habitués les uns aux autres. Par conséquent, la socialisation doit être bien observée. En général, cependant, les cobayes sont des animaux plutôt pacifiques. En outre, il est également possible que l'agressivité soit due à une indisposition générale, par exemple parce que l'animal est malade. Nous le savons tous : Si nous nous sentons mal et/ou si nous avons mal, nous sommes généralement plus sensibles et nous perdons souvent nos nerfs plus rapidement. C'est également le cas des cochons d'Inde.

Sauter partout, sautiller partout :

Lorsqu'un cochon d'Inde saute dans tous les sens, c'est un bon signe car il se sent bien et est heureux - à cause d'une nourriture délicieuse, d'un super jouet ou simplement parce qu'il est heureux.

Ce sautillement est également appelé "pop-corn". L'animal libère son excès d'énergie et laisse libre cours à sa joie tout en se sentant en sécurité dans son environnement.

Rester immobile et droit, "geler".

Le cochon d'Inde a senti quelque chose, peut-être un danger, peut-être un son ou une odeur inconnue. L'animal est alerte et analyse la situation. En général, il s'enfuit d'abord pour éviter un éventuel danger.

Sécrétion soudaine, souvent accompagnée d'une perte d'appétit :

L'animal peut être malade et souffrir. Il convient de consulter un vétérinaire compétent en cas de changement négatif soudain du comportement. De nombreux animaux, comme le cochon d'Inde, tentent de cacher la douleur et la maladie au début pour ne pas paraître faibles. Cela est dû à leur nature.

Le glouglou :

Si le cochon d'Inde glougloute, c'est qu'il est content et qu'il se sent bien. Il y a des cochons d'Inde qui semblent avoir constamment quelque chose à raconter, car ils gloussent sans cesse devant eux. Mon Lexi, par exemple, glougloute toujours en marchant - surtout le matin, lorsque l'enclos vient d'être nettoyé et les meubles déplacés, afin qu'il puisse repartir en exploration.

Le grondement :

Le grondement est similaire au grognement. Lorsque le cochon d'Inde fait des bruits de grondement, il balance son extrémité arrière d'avant en arrière, en transférant le poids alternativement sur ses deux pattes arrière. Ce phénomène est surtout observé chez les mâles, mais les femelles grondent aussi parfois. En faisant cela, le cochon d'Inde veut impressionner et se montre souvent de côté pour paraître le plus grand possible. Cependant, on observe aussi souvent que les mâles utilisent le grondement pour calmer leurs femelles et régler les conflits entre elles.

Claquement de dents, sifflement :

C'est en fait très simple à comprendre : le cochon d'Inde est menaçant et veut qu'on le laisse tranquille. Le claquement de dents peut être dirigé contre d'autres cochons d'Inde ou contre les humains.

Léchage mutuel des oreilles, parfois des yeux:

Les cochons d'Inde qui se lèchent mutuellement les oreilles (parfois les yeux) sont particulièrement attachés l'un à l'autre. Il s'agit d'une expression d'affection, et les cochons d'Inde renforcent et confirment leur relation positive entre eux.

Marcher l'un derrière l'autre comme dans une colonne :

On peut parfois voir des cochons d'Inde marcher l'un derrière l'autre en ligne. La plupart du temps, ils font cela pour explorer leur environnement. Cependant, tous les groupes de cochons d'Inde ne marchent pas non plus en colonne - ce n'est ni bon ni mauvais. Lorsque les cochons d'Inde courent en ligne, le cochon d'Inde patron court généralement devant.

Socialisation

Une socialisation peut devenir nécessaire à la suite de nombreux événements, par exemple lorsqu'un groupe est constitué au tout début et qu'il ne peut être obtenu auprès d'une seule source ou lorsqu'un cobaye décède malheureusement et qu'un nouveau cobaye doit emménager. Par rapport à d'autres espèces, la plupart des socialisations de cochons d'Inde sont assez pacifiques si vous suivez quelques règles. Veuillez garder les points suivants à l'esprit lors de la socialisation :

1. Un terrain neutre

Ne mettez pas simplement le nouveau cochon d'Inde dans l'enclos, car cela bouleverse généralement le nouveau cochon d'Inde et l'ancien cochon d'Inde (ou : les anciens cochons d'Inde) et conduit souvent à des disputes, en raison d'un changement trop brusque. La socialisation devrait toujours avoir lieu sur un terrain neutre, que ce soit dans un enclos séparé, sur le sol du salon recouvert de couvertures ou autre. De cette façon, non seulement le nouveau cochon d'Inde est confronté à une situation inconnue, mais les anciens cochons d'Inde se trouvent sur un terrain nouveau et n'agissent généralement pas de manière aussi dominante que lorsqu'un intrus se trouve soudainement sur leur propre territoire.

2. Santé

Une socialisation est toujours associée au stress, c'est pourquoi il ne faut associer qu'un cochon d'Inde en bonne santé. Il convient également de s'assurer que le nouveau cobaye n'a pas de maladies qu'il pourrait apporter.

3. Temps et patience

On ne peut pas dire en général combien de temps prend une socialisation. Avec certains cochons d'Inde, cela va très vite, ils s'entendent bien tout de suite et peuvent aussi clarifier le classement sans problème. Avec d'autres, cela prend plus de temps, la recherche de solutions traîne en longueur et certains cochons d'Inde sont peut-être aussi très timides. C'est toujours une question de caractère, et cela dépend de la façon dont les caractères des différents cobayes s'accordent.

4. Assez d'espace et de cachettes

Les cochons d'Inde ne doivent pas être entassés les uns sur les autres, mais il est important qu'ils puissent se déplacer à leur propre rythme et s'écarter les uns des autres si nécessaire. C'est pourquoi il faut également prévoir au moins une maison (ou un abri similaire) par cobaye pour qu'ils puissent se retirer. Idéalement, ces maisons devraient avoir deux entrées, car si un autre cochon d'Inde entre, on évite une bagarre, et l'animal peut utiliser l'autre sortie. Certains recommandent de ne pas utiliser de cachettes afin que les animaux soient obligés de se confronter les uns aux autres, mais je ne le recommande pas. Les cochons d'Inde sont des animaux de fuite et paniqueront s'il n'y a pas de cachette à proximité. Une socialisation est déjà suffisamment stressante, vous devez donc donner aux animaux le temps dont ils ont besoin et leur permettre de se retirer de temps en temps.

5. La nourriture et l'eau

Dans tous les cas, les cochons d'Inde doivent disposer d'une nourriture abondante et d'un peu d'eau. Il est préférable de répartir la nourriture à plusieurs endroits, afin d'éviter les risques supplémentaires de querelles. La nourriture sert de distraction occasionnelle, de "pause" et peut également renforcer le lien entre les animaux lorsqu'ils mangent ensemble. Après tout, la nourriture rend heureux (pas seulement les gens, mais aussi les cochons d'Inde).

6. Persévérer

Il est déconseillé de séparer les cochons d'Inde et de les remettre ensemble souvent, car cela ne fait que ralentir le processus de socialisation. De plus, un va-et-vient constant est encore plus stressant pour les animaux. Par conséquent, si possible, la socialisation devrait se dérouler du début à la fin sans interruption et, à la fin, tous les cochons d'Inde peuvent s'installer ensemble dans l'enclos.

7. N'intervenez qu'en cas de morsure, d'écoulement de sang ou autre.

Ce point est assez difficile pour beaucoup de gens, car on se sent désolé pour les cochons d'Inde - surtout pour le cochon d'Inde inférieur. Mais vous ne devez intervenir qu'en cas d'urgence, lorsque les animaux se mordent violemment ou que le sang coule. Tant que les animaux se comportent normalement - c'est-à-dire qu'ils se courent après, se poursuivent, se montent, etc. - vous ne devez pas intervenir, car cela ne fait que prolonger inutilement le processus. Vous ne devez pas intervenir, car cela ne fait que prolonger inutilement le processus. Les animaux recommenceront ensuite à zéro lorsqu'ils seront réunis, ce qui est encore plus fatigant. Il est tout à fait naturel que ces animaux aient une hiérarchie, il ne faut donc pas les anthropomorphiser. Les cochons d'Inde vont probablement se placer les uns devant les autres en claquant des dents, ils vont lever leur petite tête, ils vont se montrer mutuellement qu'ils sont forts. Ils se monteront probablement l'un sur l'autre, généralement par derrière, parfois par le côté. Tout cela est normal et nécessaire pour déterminer quel cochon d'Inde doit être en haut ou en bas de la hiérarchie. Cependant, si les cochons d'Inde se mordent, s'il y a du sang ou autre, l'homme doit intervenir.

8. Déplacement vers l'enclos réel

Lorsque les cochons d'Inde s'entendent bien, ils peuvent déménager dans leur "vrai" enclos, tous ensemble. Il est recommandé de nettoyer soigneusement le compartiment au préalable et d'utiliser des textiles ou une litière neuve. Il est également judicieux de déplacer les maisons pour que tout soit beau et frais.

9. Protection du chiot

Si le nouvel arrivant est un très jeune cochon d'Inde, il est fort possible qu'il n'y ait pas de bagarres de classement et que le jeune animal soit accepté directement, car chez les cochons d'Inde aussi il existe une sorte de "protection du chiot". Les jeunes animaux doivent généralement faire leurs preuves plus tard et, tant qu'ils sont petits, ils ne sont pas du tout pris en compte dans l'ordre de classement.

Cependant, lorsque l'animal devient plus grand, il faut clarifier la position qu'il doit avoir.

10. Tentatives ultérieures de modification de l'ordre de classement

Même si l'ordre de classement est initialement établi, cela ne signifie pas qu'il ne peut jamais changer. Il y a des cobayes qui essaient de monter en grade, donc des combats, des poursuites et des escalades peuvent se produire plus tard. Parfois, ils réussissent et l'ordre du classement est modifié. Cependant, cela est plutôt rare et les changements ne se produisent généralement que lorsqu'un nouveau cobaye rejoint le groupe existant.

Jeune cochon d'Inde (environ 2 mois) avec de l'herbe.

Maladies

Toutes les personnes et tous les animaux peuvent tomber malades. Certains tombent malades plus souvent, d'autres moins souvent. Même les animaux comme les cochons d'Inde ne sont pas immunisés contre les maladies, et la gravité de celles-ci va de "très légère" à "potentiellement mortelle". Cependant, la fréquence et la gravité des maladies d'un cochon d'Inde dépendent en grande partie de l'élevage de l'animal et de son alimentation.

Comme pour les humains, la prévention des maladies est essentielle : un cochon d'Inde élevé selon les règles de l'espèce, dont les besoins sont satisfaits et qui reçoit une alimentation saine et équilibrée, ne tombera probablement pas malade très souvent.

Bien sûr, même avec un élevage parfait, certaines maladies peuvent survenir, par exemple par hérédité (souvent due à des pratiques d'élevage douteuses ; la génétique !) ou par pure malchance. Toutefois, la grande majorité des maladies animales sont causées par le propriétaire de l'animal - non pas intentionnellement, mais généralement en raison de la simple ignorance des conditions d'élevage optimales.

Parmi les erreurs les plus courantes en matière d'élevage et de nutrition, on trouve par exemple ...

... une alimentation industrielle riche en calories, trop peu d'aliments frais ;

... trop peu d'exercice (par exemple, en raison du manque d'espace) ;

... le stress (par exemple, en raison d'une mauvaise composition du groupe, de querelles, de la manipulation trop brutale du cobaye par l'homme, etc.)

... la peur et la solitude (les cochons d'Inde sont des animaux sociaux !);

... la déshydratation (pas d'eau potable, pas assez de nourriture fraîche).

Toutes les petites choses ne nécessitent pas une visite chez le vétérinaire. Une visite chez le vétérinaire est toujours stressante car le cochon d'Inde est sorti de son environnement familier et doit faire face à une situation très stressante et épuisante qui peut parfois durer plusieurs heures, y compris le trajet.

Néanmoins, je déconseille l'auto-traitement et l'automédication pour des raisons de responsabilité. En particulier chez les débutants, des erreurs d'appréciation et des traitements erronés peuvent survenir car ils n'ont pas encore beaucoup d'expérience avec les cochons d'Inde. Je rappelle donc qu'un vétérinaire compétent doit toujours traiter les maladies.

Lorsque vous choisissez un vétérinaire, assurez-vous qu'il a de l'expérience avec les cochons d'Inde. C'est une condition sine qua non. Un vétérinaire réputé ne traitera de toute façon un cochon d'Inde que s'il est sûr de le faire sur la base de son expérience et s'il peut aider l'animal de manière professionnelle.

Bien entendu, le propriétaire doit être sensibilisé à la détection des maladies. Ceux qui connaissent leur animal remarqueront assez rapidement quand quelque chose ne va pas et quand l'animal change. Chaque petit changement n'est pas forcément le signe d'une maladie, mais les signes suivants sont souvent révélateurs d'une maladie, surtout s'ils sont combinés ...

... perte d'appétit, refus de s'alimenter ;

... diarrhée ;

... agressivité et irritabilité soudaines (souvent un signe de douleur) ;

... des mouvements anormaux ;

... des changements dans la forme, la couleur et/ou la consistance des selles ;

... une perte de plaisir dans les mouvements

... des changements dans les yeux (larmoyants, vitreux ou similaires).

Bien qu'une maladie soit un cas pour le vétérinaire, le propriétaire devrait fondamentalement connaître les différentes maladies. C'est pourquoi nous allons maintenant examiner de plus près certaines maladies du cochon d'Inde.

- La diarrhée

Une maladie diarrhéique peut avoir différentes causes. Chez le cobaye, on parle de diarrhée non seulement lorsque les selles sont aqueuses, mais aussi lorsque la forme et/ou la consistance des selles changent de manière significative. Les selles saines sont uniformément rondes et allongées ou ovales. La consistance est ferme et presque sèche. La diarrhée affaiblit également l'animal, de sorte que le cobaye semble fatigué, n'est pas aussi actif qu'avant ou consomme moins de nourriture et d'eau. Des yeux troubles et une perte de poids peuvent également apparaître.

La diarrhée est très grave et doit être examinée par un vétérinaire. Si le cochon d'Inde refuse de s'alimenter et si la diarrhée dure plus d'une journée, il est urgent d'agir.

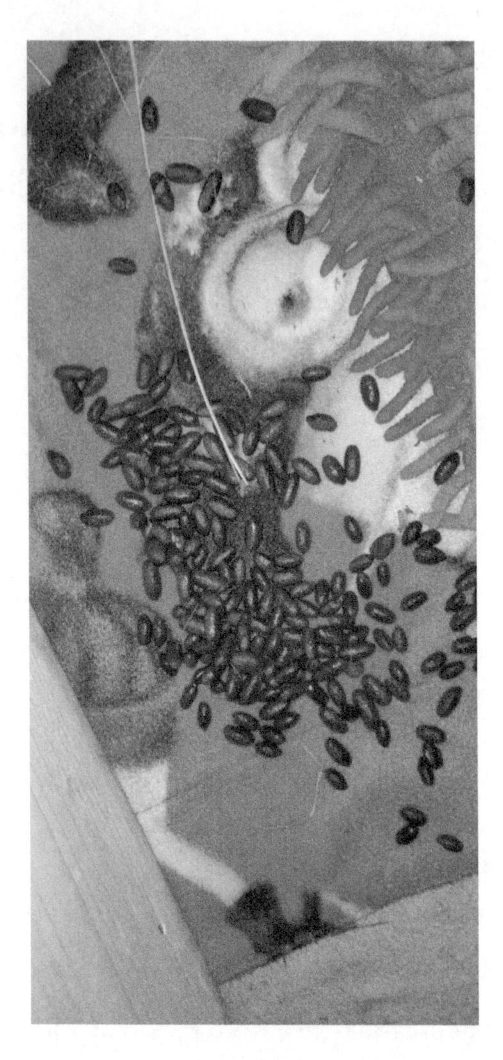

Excréments de cochons d'Inde en bonne santé.

Les causes les plus courantes de la diarrhée sont les suivantes :

1. Changement de nourriture trop rapide - Tout changement de nourriture doit se faire lentement. Ne proposez pas à vos cochons d'Inde une trop grande quantité d'un nouvel aliment au début, mais augmentez lentement les portions. Cela est particulièrement vrai pour les aliments frais que le cobaye n'a pas encore connus.

2. Nourriture moisie ou fermentée - Pour cette raison, il faut toujours vérifier la nourriture avant de la donner pour s'assurer qu'elle ne présente pas de signes de moisissure. De plus, les débris de nourriture devraient être retirés quotidiennement de l'enclos.

3. Infestations de vers ou autres parasites - Les petits vers peuvent souvent être vus à l'œil nu sur les

selles, mais celles-ci devraient toujours être examinées et analysées par un vétérinaire si l'on soupçonne une infestation de parasites.

4. Plantes ou pièces en plastique toxiques - Si le cochon d'Inde entre en contact avec des plantes toxiques dans la maison et les ronge, cela peut entraîner des symptômes d'empoisonnement, souvent accompagnés de diarrhée. Il en va de même si le cochon d'Inde ronge des objets en plastique.

5. Stress - Lorsque le cochon d'Inde est exposé à des situations stressantes, l'animal peut être soumis à une énorme pression psychologique. Un psychisme malmené peut affecter la santé physique et se manifeste souvent par des problèmes digestifs - généralement de la diarrhée.

- Les rhumes

Les rhumes doivent être pris très au sérieux chez le cobaye. Son petit corps n'est pas aussi robuste que celui de l'homme, par exemple, de sorte qu'un rhume peut aussi très rapidement conduire à une pneumonie dangereuse, qui dans le pire des cas est fatale. Un rhume doit donc être combattu très rapidement car l'aggravation se produit généralement beaucoup plus vite que chez l'homme. Les symptômes sont les mêmes que chez tous les mammifères : Le rhume se manifeste par des éternuements, un nez qui coule, des yeux larmoyants, une haleine qui grince et d'autres symptômes similaires du rhume. Pour éviter les rhumes, il faut éviter complètement les courants d'air. De même, le cobaye ne doit pas être exposé à des variations de température excessives. Néanmoins, il faut bien sûr toujours veiller à ce que la pièce soit bien aérée. Le stress ou le manque d'hygiène peuvent également favoriser les rhumes.

- Infections fongiques

Lorsqu'un cochon d'Inde est atteint d'une mycose, on trouve souvent sur le corps des zones rondes dépourvues de poils. La peau est généralement squameuse ou présente des croûtes. Les infections fongiques peuvent également s'accompagner d'une perte de poils uniquement - ou des plaques de peau squameuse peuvent être trouvées sur les parties glabres du corps, comme les oreilles. (Remarque : les zones rondes sans poils derrière les oreilles sont normales !) Les mycoses peuvent être causées par une mauvaise hygiène et un manque de circulation d'air, mais de nombreux animaux souffrent également d'une mycose d'origine psychologique. Cela peut être dû à un excès de stress, d'anxiété, de solitude ou d'autres sentiments négatifs, par exemple. Une mauvaise santé mentale affaiblit également le système immunitaire, ce qui peut aussi entraîner des infections fongiques. Pour le profane, il est généralement difficile de faire la distinction entre un infection fongique, des acariens ou autres.

C'est pourquoi une visite chez le vétérinaire est indispensable. Veuillez également noter qu'une mycose est contagieuse et peut être transmise à l'homme ainsi qu'à d'autres animaux domestiques. Par conséquent, l'hygiène est également le premier devoir.

- Les tumeurs

Même les cochons d'Inde les mieux soignés et les plus heureux peuvent développer une tumeur ; même avec la meilleure santé et une excellente hygiène, il est possible qu'un animal développe une tumeur. C'est pourquoi les soins préventifs sont extrêmement importants. Vous devez palper complètement vos cochons d'Inde à intervalles réguliers et rechercher les zones durcies. Si vous découvrez un point inhabituellement dur sous la peau ou une petite bosse dure, vous devez vous rendre chez le vétérinaire et faire évaluer la situation. La tumeur peut également nécessiter une ablation chirurgicale.

- Abcès

Les abcès peuvent facilement être confondus avec des tumeurs, surtout si l'abcès est dur au toucher. Contrairement aux tumeurs, cependant, les abcès sont des collections de pus causées par des bactéries. Comme pour une tumeur, un abcès peut se produire n'importe où dans le corps. Dans la plupart des cas, les abcès sont causés par des blessures externes telles que des morsures ou des coupures sur des objets tranchants, des branches pointues ou autres. Les bactéries peuvent pénétrer dans l'organisme par la plaie ouverte et provoquer un abcès infectieux. De même, si l'animal se gratte fréquemment et vigoureusement, un abcès peut se développer à partir de ces petites lésions cutanées. C'est une autre raison pour laquelle il est important de palper régulièrement le cochon d'Inde et de rechercher des zones dures ou élargies sur le corps. Le vétérinaire évaluera s'il s'agit d'une tumeur ou d'un abcès. Tous les abcès ne doivent pas être traités chirurgicalement ; il s'agit toujours d'une décision au cas par cas. Dans les deux cas, il est important que le pus soit correctement drainé afin que l'abcès ne se rompe pas et ne provoque pas d'empoisonnement sanguin.

- Le coup de chaleur

En général, les cochons d'Inde sont mal à l'aise à des températures supérieures à 25°C (77°F), et au-delà de 30°C (86°F), ils risquent même un coup de chaleur. Par conséquent, une température ambiante normale (20 °C) est idéale pour les cochons d'Inde. En outre, les cochons d'Inde ne doivent jamais être exposés à la lumière directe du soleil, du moins pas s'ils ne peuvent pas s'en retirer à tout moment dès qu'ils ont trop chaud. Veillez toujours à ce que les cochons d'Inde n'aient pas trop chaud. Si le cochon d'Inde est victime d'un coup de chaleur, il peut s'évanouir ou souffrir de détresse respiratoire.

- Dents mal alignées (malocclusion)

Les dents mal alignées peuvent être congénitales ou héréditaires, mais elles peuvent aussi être causées par une alimentation inadéquate (pas assez de nourriture crue, pas assez de fibres, pas assez de mastication, etc.) Au fur et à mesure que les dents poussent, elles doivent être usées à plusieurs reprises par la mastication, mais cela est parfois plus difficile avec des dents mal alignées. Les animaux atteints refusent souvent de s'alimenter, ils bavent parfois, et des infections apparaissent parfois dans la cavité buccale. Bien entendu, celles-ci ne se développent pas du jour au lendemain, mais sur plusieurs semaines ou mois. Il est donc recommandé de contrôler les dents environ une fois par semaine. Au cours de ce contrôle, on peut également palper directement les animaux pour détecter d'éventuelles tumeurs/abcès et autres anomalies. En cas de signes de problèmes dentaires, il convient de consulter au plus vite un vétérinaire compétent. Pour prévenir la malocclusion, un apport adéquat en vitamine C est également nécessaire, mais avec une alimentation adaptée à l'espèce (avec beaucoup d'aliments verts frais), cela se produit automatiquement, et il n'est pas nécessaire d'administrer des gouttes de vitamines spéciales ou similaires.

- Parasites

Les parasites sont assez fréquents chez les cobayes. Il faut distinguer les endoparasites des ectoparasites.

Les produits de reproduction des endoparasites sont excrétés avec les fèces des cobayes. Ils se trouvent donc à l'intérieur des cobayes. Les ectoparasites, quant à eux, se trouvent dans ou sur la peau de l'animal. Ils peuvent également "s'enfouir" dans la peau. Mais comment une infestation parasitaire peut-elle se produire si les cochons d'Inde sont gardés comme animaux de compagnie, isolés dans la maison, sans contact direct avec d'autres animaux ou avec l'environnement extérieur ?

La transmission des parasites peut être directe ou indirecte. Les animaux infectés peuvent transmettre les parasites aux autres animaux sans station intermédiaire, par exemple par contact physique ou par les excréments des cobayes malades. D'autre part, les parasites peuvent également être introduits dans le groupe par des objets ou de la nourriture. Vous pouvez apporter des parasites de l'extérieur à l'intérieur sur vos chaussures, ils peuvent être sur vos mains, ils peuvent être transmis par les mouches et autres insectes. Le risque peut être réduit par une bonne hygiène, mais jamais complètement éliminé.

En cas d'infestation parasitaire, il est important d'examiner et de traiter tous les animaux du groupe. Les animaux infestés par des parasites ne présentent pas tous des symptômes extérieurs. Comme pour les humains, le système immunitaire des cochons d'Inde est très variable, et certains animaux sont plus sensibles, notamment les animaux plus sensibles et facilement stressés. Il est très probable que l'ensemble du groupe soit affecté par les parasites, même si tous les animaux ne développent pas de symptômes. Cependant, si seuls les cobayes présentant des symptômes externes sont traités, les parasites présents sur les cobayes sains ne seront pas éliminés et pourraient facilement être retransmis.

Par conséquent, le traitement des parasites doit absolument être effectué par un vétérinaire compétent. Cette personne sera en mesure d'identifier clairement le type de parasite et de mettre en place les méthodes de traitement appropriées. Dans ce qui suit, nous allons examiner brièvement certains des parasites les plus courants.

1. Les ténias font partie des endoparasites. Le ténia vit dans le tube digestif des cobayes et provoque généralement une perte de poids (parfois extrême) et des troubles digestifs tels que la constipation ou la diarrhée. Les ténias sont généralement transmis aux cobayes par des hôtes intermédiaires, comme les acariens ou les puces.

2. Les acariens de la fourrure font partie des ectoparasites. Lorsqu'ils sont infestés, les cochons d'Inde souffrent généralement de démangeaisons

et parfois de pellicules. Les démangeaisons se produisent principalement dans la zone de la tête et sur le dos.

3. Les acariens du soufflet du poil font également partie des ectoparasites. En raison de l'infestation par les acariens du follicule pileux, les animaux perdent souvent leurs poils ou leur fourrure et la peau prend généralement une teinte foncée, surtout au niveau de la tête et du dos. Les acariens du follicule pileux sont extrêmement petits et ne peuvent donc pas être détectés sans un microscope.

4. La coccidiose (endoparasites) survient le plus souvent chez les jeunes animaux qui n'ont pas encore atteint l'âge de six mois - ou également chez les animaux âgés et immunodéprimés. Les animaux souffrent généralement de diarrhée et perdent beaucoup de poids. La diarrhée entraîne un dessèchement rapide de l'organisme, ce qui, dans

le pire des cas, peut conduire à la mort de l'animal. Comme il s'agit d'endoparasites, un examen fécal est obligatoire. Ensuite, le vétérinaire expert traitera l'infestation avec des médicaments appropriés.

5. Les acariens de la gale, comme tous les acariens, font partie des ectoparasites. En cas d'infestation par les acariens de la gale, les démangeaisons dont souffrent les animaux sont extrêmement fortes. Le grattage fréquent et excessif provoque généralement de graves plaies sur le corps. Des taches chauves dans le pelage sont également fréquentes. Les acariens de la gale se trouvent dans la plupart des cas chez d'autres animaux, de sorte que ces parasites sont généralement transmis aux cochons d'Inde par d'autres animaux de compagnie.

À titre préventif, il est recommandé de peser chaque cobaye environ une fois par semaine, de contrôler ses dents et de palper brièvement l'ensemble du corps pour détecter toute zone inhabituelle.

Questions fréquemment posées

Dois-je doucher ou baigner mes cochons d'Inde ?

Non, ce n'est pas nécessaire. Vos cochons d'Inde font leur toilette tout seuls et se toilettent soigneusement. Un bain ne serait qu'un stress inutile pour les animaux et il y a aussi le risque d'attraper un rhume. Il en va bien sûr autrement si le cochon d'Inde est très sale à un certain endroit, par exemple s'il a eu une forte diarrhée (vétérinaire !!) et que l'anus est très sale et collant ou si les pattes sont très sales. Dans ce cas, il ne faut cependant pas baigner tout l'animal, mais uniquement la ou les zones concernées avec un moyen naturel et sans parfum. Parfois, un shampooing pour bébé sans additifs chimiques convient également.

Qu'est-ce qu'un "cochon éducateur" ?

Un "cochon éducateur" est censé - eh bien - éduquer les autres cochons d'Inde (plus jeunes). Il leur apprend le comportement normal des cochons d'Inde, leur donne le bon exemple, leur montre que les humains ne sont pas des ennemis, et bien plus encore. C'est pourquoi il est toujours bon d'intégrer un cochon d'Inde un peu plus âgé et déjà socialisé lors de la constitution d'un nouveau groupe. Le cochon d'Inde doit avoir au moins un an et être bien socialisé à la vie en groupe. On trouve souvent de tels cochons d'Inde dans les familles d'accueil, les centres de secours ou chez les éleveurs si un animal reproducteur est autorisé à prendre sa retraite et doit trouver un nouveau foyer.

À l'aide, j'utilise un logement en polaire mais je n'arrive pas à enlever complètement le foin du tissu !

Oui, cela peut parfois être pénible. La façon la plus simple de nettoyer est d'utiliser une pelle à poussière dont la brosse est en caoutchouc. Certains détenteurs utilisent également un aspirateur à main, mais celui-ci peut facilement se boucher si l'on aspire trop ou trop longtemps le foin. L'aspirateur à main est plutôt recommandé pour aspirer les excréments. Ce n'est pas grave s'il reste un peu de foin sur le tissu - mais pour le lavage, l'idéal est d'utiliser un sac à linge, car ainsi le foin ne se retrouve pas dans la machine à laver et ne peut pas l'obstruer. Si vous avez encore de vieilles taies d'oreiller (avec fermeture éclair !), vous pouvez aussi les utiliser.

Dois-je garder mes cochons d'Inde à l'intérieur ? Ne puis-je pas les garder dehors ?

Oui, vous pouvez le faire. Cependant, il y a quelques aspects supplémentaires à prendre en compte.

1. Si vous gardez vos cochons d'Inde à l'extérieur toute l'année, il est préférable de garder au moins quatre cochons d'Inde ensemble afin qu'ils puissent se tenir chaud mutuellement pendant les saisons froides.

2. L'enclos doit être sécurisé de tous les côtés - pas seulement sur le côté, mais aussi par le haut et le bas. C'est très, très important. D'en haut, par exemple, des oiseaux de proie pourraient repérer les cochons d'Inde et les attraper. De même, l'enclos doit être complètement sécurisé par le bas, car sinon, par exemple, les martres peuvent creuser sous la grille ! (Exemple : grillage de volière, dalles de granulats exposés, dalles de béton lavées - un

prédateur ne doit pas avoir la possibilité de mordre à travers)

3. Seuls les cochons d'Inde habitués à vivre dehors en permanence peuvent rester dehors toute l'année, car tous les autres cochons d'Inde ne sont pas assez robustes. Sinon, ils doivent être rentrés à l'intérieur lorsque la température descend en dessous de 10°C (50°F).

4. En cas de vent et de pluie, l'enclos doit être protégé par des bâches ou autres, à moins que les cobayes ne vivent de toute façon en permanence dans une grange protégée du vent.

5. Chaque enclos extérieur devrait disposer d'un abri où les cobayes peuvent se retirer lorsqu'il fait trop froid ou trop humide. L'abri doit avoir suffisamment de place pour tous les cochons d'Inde, mais il ne doit pas non plus être trop grand pour qu'il ne fasse pas trop froid. Les cochons d'Inde doivent pouvoir s'y réchauffer.

6. Pendant les saisons froides, l'enclos doit être nettoyé particulièrement souvent pour éviter la formation de moisissures.

7. En été, les cochons doivent être protégés du soleil brûlant et il doit y avoir suffisamment d'endroits ombragés. Cependant, la chaleur ne doit pas s'accumuler dans l'enclos !

8. Comme la température extérieure ne peut pas être contrôlée, il faut proposer aux cochons d'Inde un rafraîchissement supplémentaire en été (par exemple, des packs de rafraîchissement, des bains d'eau peu profonds pour les pieds, etc.)

L'élevage des cochons d'Inde à l'extérieur est beaucoup plus compliqué que l'élevage à l'intérieur, il doit être bien planifié et contrôlé au quotidien.

N'est-il pas exagéré de dire que les cochons d'Inde doivent toujours être gardés au moins par deux ? Nous ne savons même pas si les animaux ont des sentiments.

Si, nous le savons. Bien sûr, nous ne pouvons pas parler aux cochons d'Inde pour connaître leur état émotionnel, mais leurs signaux corporels nous en disent long. Exemple : Le biologiste Norbert Sachser (Université de Münster, Allemagne) a consacré une grande partie de ses recherches aux cobayes. Il a pu prouver, par exemple, que les cochons d'Inde s'ennuient de leur partenaire lorsqu'il n'est pas là. Comment cela fonctionne-t-il ? Eh bien, les scientifiques ont séparé les cobayes de leurs partenaires préférés et les ont placés temporairement en isolement. Ils ont ensuite prélevé un échantillon de salive sur les animaux, qui contenait beaucoup de cortisol. Le cortisol est l'hormone du stress. Lorsque nous sommes stressés, la concentration de cortisol augmente considérablement. Mais ne serait-il pas possible que les animaux n'aient tout simplement pas envie d'être seuls ? Non. Les scientifiques ont également vérifié si la concentration de cortisol diminuait lorsque le cochon d'Inde solitaire était tenu en compagnie d'un autre cochon d'Inde. Or, ce n'était pas le cas et le taux de cortisol restait élevé. Il ne diminuait à nouveau que lorsque les animaux étaient réunis avec leurs partenaires favoris respectifs !

Dois-je également donner des graines à mes cochons d'Inde ?

Les graines ou les aliments secs en général ne doivent pas constituer la majorité de l'alimentation, mais seulement la compléter, si tant est qu'elle le fasse. Le régime naturel des cochons d'Inde reste la verdure (et le foin), mais certaines graines peuvent bien compléter l'alimentation. Par exemple, les graines de tournesol sont de petits engraisseurs car elles sont très riches en graisses, mais elles sont fantastiques comme friandise car, par exemple, elles gardent la peau belle et souple et préviennent la déshydratation de la peau. De petites quantités des graines suivantes conviennent également comme friandises ou aliments complémentaires (exemples) :

- Graines d'ortie
- graines de fenouil
- Graines d'anis
- Graines de lin
- Cumin noir
- Graines de sésame

Quand les cochons d'Inde sont-ils les plus actifs ?

Les cochons d'Inde ne sont pas liés à un moment précis de la journée, mais on observe souvent que ces animaux sont plus actifs au crépuscule (c'est-à-dire à l'aube et au crépuscule).

Pourquoi mes cochons d'Inde dorment-ils si peu ?

C'est probablement l'impression que vous avez. Les cochons d'Inde ne dorment pas longtemps à la fois (comme nous, les humains), mais alternent entre l'éveil et le sommeil beaucoup plus souvent.

En outre, les cochons d'Inde ne dorment pas toujours les yeux fermés. Parfois, ils sont ouverts ou seulement à moitié fermés. Ce n'est que lorsque le cochon d'Inde se sent complètement en sécurité et ne ressent aucun danger qu'il ferme complètement les yeux. Mais cela dépend aussi de la forme de la journée.

Combien d'heures par jour dorment-ils au total ?

Les cochons d'Inde dorment globalement moins que nous, généralement entre quatre et six heures si l'on additionne toutes les petites siestes. Comme indiqué précédemment, ils ne dorment pas quatre à six heures d'affilée, mais souvent seulement dix minutes, par exemple.

Mes cochons d'Inde n'ont pas le même nombre d'orteils sur leurs pattes avant et sur leurs pattes arrière. Est-ce normal ?

Oui, les cochons d'Inde ont quatre doigts sur chacune de leurs deux pattes avant, alors qu'ils n'ont que trois doigts sur chacune de leurs deux pattes arrière.

Quel âge avait le plus vieux cochon d'Inde du monde ?

Le record mondial actuellement connu pour le plus vieux cochon d'Inde du monde est de 14 ans et 10 mois !

Cher lecteur 😊

Pour les auteurs indépendants, les évaluations de produits sont la base du succès d'un livre. Nous dépendons donc de vos évaluations. Cela n'aide pas seulement les auteurs, mais bien sûr aussi les futurs lecteurs et les animaux !

C'est pourquoi je vous serais extrêmement reconnaissant si vous pouviez me donner un petit commentaire sur ce livre. Merci beaucoup.

Je vous souhaite le meilleur, beaucoup de joie avec vos cochons d'Inde et la meilleure santé possible ! 🖤

Avis juridique

Auteur : Alina Daria Djavidrad

Contact : Wahlerstr. 1, 40472 Düsseldorf, Allemagne

1ère édition (2022)

Espace pour les notes

Printed in France by Amazon
Brétigny-sur-Orge, FR